KINDERBUCHKLASSIKER ZUM VORLESEN

Über dieses Buch . . .

Der Sage nach wurde Till Eulenspiegel um 1300 in Kneitlingen im Braunschweiger Land geboren und starb 50 Jahre später in Mölln nahe der Ostsee.

Mittelalterlich derb sind die Streiche, die der Braunschweiger Chronist Hermann Bote im 16. Jahrhundert aufgeschrieben hat. »Ein kurtzweilig Lesen von Dil Ulenspiegel« – unter diesem Titel erschien der Schwankroman in niederdeutscher Sprache.

Die oft deftigen Episoden schliffen sich im Lauf der Zeit ab, die Figur des Till wurde harmloser, sympathischer – und übrig blieb der kluge Narr, der mit bunter Kleidung, Narrenkappe und Schellenklang der Welt den Spiegel der Selbsterkenntnis vor die Augen hält. Kreuz und quer zieht er durch das Land, sogar in Prag und am Hof des Königs von Dänemark legt er die Leute mit seinen Späßen herein.

Die Schwänke um Till Eulenspiegel wurden in zahlreiche Sprachen übersetzt. Und in vielen Städten, in denen er sein Unwesen getrieben haben soll, erinnert man sich an ihn. Auf Bildern und Straßenschildern, in Büchern, Filmen und Theaterstücken, als Brunnenfigur und Spielzeug wurde der Schelm verewigt. Kinder wie Erwachsene haben ihre helle Freude an seinen Abenteuern.

Till Eulenspiegels hintergründiger Humor ist lebendig – bis zum heutigen Tag!

Till Eulenspiegel

Neu erzählt von Elke Leger

Mit Bildern von Christiane Hansen

MIX
Papier | Fördert
gute Waldnutzung
FSC® C110508

3. Auflage 2024
© 2016 Arena Verlag GmbH
Rottendorfer Straße 16, 97074 Würzburg
Dieses Buch ist erstmals 2006 erschienen.
Alle Rechte vorbehalten
Illustrationen: Christiane Hansen
Gesamtherstellung: Westermann Druck Zwickau GmbH
ISBN 978-3-401-70902-4

www.arena-verlag.de

Inhalt

Till zeigt seinen blanken Popo   11

Till tanzt auf dem Seil   15

Till bringt seiner Mutter Brot   21

Till versteckt sich in einem Bienenkorb   23

Till zieht in die Welt hinaus   27

Till hält Wache auf dem Turm   35

Till wird an der Universität geprüft   39

Till bringt einem Esel das Lesen bei   43

Till näht Schafe und Ziegen   48

Till wird Schneider   53

Till macht aus einer Katze einen Hasen   59

Till erschwindelt einen Krug Wein   63

Till backt Eulen und kleine Affen   65

Till wird eingeladen und isst alles ganz alleine auf   69

Till schaut durchs Fenster, ohne es aufzumachen   75

Till foppt einen Angeber   79

Till kauft goldene Hufeisen   87

Till zeigt seinen blanken Popo

u, Papa, hör mal«, sagte eines Tages ein kleiner Junge und sah seinen Vater mit großen,
runden Augen an. »Papa, ich versteh etwas
nicht!« »Was verstehst du denn nicht, Till?«, fragte Claus Eulenspiegel seinen Sohn.

»Ich versteh nicht, dass sich alle Menschen über mich aufre-
gen oder über mich lachen, sobald sie mich sehen. Dabei bin
ich doch immer lieb und mache überhaupt nichts Schlimmes!«

Vater Eulenspiegel bekam drei Falten auf der Stirn. Denn er
dachte nach. Oft waren die Nachbarn und Bekannten zu ihm
gelaufen und hatten sich beschwert, was sein Sohn Till doch
für ein Nichtsnutz und Schelm sei. »Der Till, das ist vielleicht
einer!«, hatten sie immer wieder gerufen. »Nichts als Schabernack hat Euer Sohn im Kopf!« Doch nun stand der kleine Till
hier vor ihm, mit hochgezogenen Schultern und ganz unschul-
digem Gesicht. Wem sollte man da glauben?

Claus Eulenspiegel beschloss, der Sache auf den Grund zu
gehen und zu überprüfen, ob sich die Menschen wirklich ohne Grund über seinen Jungen aufregten. »Komm, mein
Sohn, wir werden durch die Stadt reiten. Mal sehen, was
passiert!«

Er setzte Till aufs Pferd, schwang sich dann selbst auf den

Pferderücken und sie trabten los. Durch die Stadt Kneitlingen nahe Braunschweig ritten sie, denn dort lebte die Familie Eulenspiegel.

Till, der hinter seinem Vater saß, blickte zuerst auch ganz brav nach links und nach rechts und sah sich neugierig alles an. Aber dann krochen doch die Flausen in seinen Kopf und er tat etwas, das sein Vater glücklicherweise nicht sah: Er stützte seine Beine am Steigbügelgurt ab, beugte den Oberkörper nach vorn, zog dann sein Höschen herunter und zeigte den Leuten seinen blanken Popo.

Alle, die das sahen, begannen zu lachen, und sie riefen: »Was für ein Schelm!« Der Vater merkte das und er dachte: Till wird doch nicht hinter meinem Rücken irgendwelchen Unsinn machen? Er hielt das Pferd an. »Komm, Till, setz dich mal vor mich!«

So ritten sie weiter. Doch nun begann Till Grimassen zu ziehen: Er streckte die Zunge heraus und riss die Augen auf, dann kniff er seine Augen zusammen und zog den Mund mit beiden Händen auseinander, fast von einem Ohr bis zum andern. Dann wieder spitzte er die Lippen, sodass er aussah wie ein Schweinchen, und zog dabei seine Ohren lang.

Die Leute, die ihn nun von vorn sahen, riefen wieder: »Seht euch den an!« Und sie lachten und schrien vor Vergnügen. Manche schimpften aber auch.

Was haben die Leute nur?, fragte sich der Vater. Mein Till sitzt doch brav vor mir auf dem Pferd!

Und Till schaute seinen Papa ganz unschuldig an und sagte: »Ich weiß gar nicht, was los ist. Ich war doch ganz lieb und habe gar nichts gemacht!«

Ja, da hat er recht, dachte der Vater und konnte sich gar nicht

erklären, warum alle Welt über seinen Sohn lachte und schimpfte. Er ahnte nicht, dass sein kleiner Junge später berühmt werden sollte für die Späße, die er mit den Menschen trieb.

Till tanzt auf dem Seil

Till Eulenspiegel blieb ein Schelm, auch als er größer geworden war. Wenn die Menschen über ihn herzlich lachten, dann freute er sich. Und wenn sie mit ihm schimpften oder ihm drohten, dann machte es ihm meist nichts aus. Er war eben anders als die anderen Leute. Die anderen Menschen gingen brav auf ihren Füßen zur Arbeit. Till aber, der fühlte sich in der Luft besonders wohl. Denn von hoch oben hatte er einen guten Ausblick auf alles, was die Menschen so tun. Und die Menschen wirkten dann so winzig, als wären sie kleine Spielzeugpuppen.

Darum spannte Till ab und zu ein Seil auf dem Dachboden seines Elternhauses und tänzelte über die gespannte Schnur. Ganz leicht und frei fühlte er sich dann. Seine Mutter aber konnte es nicht leiden, wenn ihr Till da oben über das Seil lief. »Lass das!«, rief sie und wollte ihn packen und herunterziehen.

Till aber lachte nur und setzte sich ganz oben aufs Dach!

Eines Tages wollte Till auf dem Seil über den Fluss balancieren, der neben seinem Elternhaus floss. Er spannte das Seil vom Haus seiner Eltern bis zu einem Haus, das auf der anderen Seite des Flusses stand. Die Menschen kamen neugierig herbei. Denn sie wollten doch sehen, was der Till da oben in

15

der Luft trieb. Doch auch Tills Mutter sah das Seil. Und sie nahm eine Schere und schnitt es – schnipp – entzwei, gerade als Till darüberging. Platsch – da landete Till im Wasser!

Die Zuschauer schrien vor Vergnügen, denn sie waren schadenfroh und freuten sich, wenn jemand Pech hatte. Till ärgerte sich darüber und er überlegte, wie er den böse lachenden Menschen einen Streich spielen könnte.

Also zog er ein paar Tage später wieder ein Seil über den Fluss. Und alle sollten ihm zusehen, wie er darauf tanzte. »He, ihr Leute, kommt und schaut zu, wie ich übers Seil lauf!«

Die Menschen dachten: Ob er wohl wieder ins Wasser fällt? Sie rannten zum Fluss und schauten neugierig in die Luft, wo Till leichtfüßig auf dem dünnen Seil tanzte.

»Ihr wollt ein großes Kunststück sehen?«, rief Till aus der Luft. »Das sollt ihr haben!« Er breitete die Arme aus, lief vor und zurück, stand auf einem Bein und streckte das andere hoch in die Luft. Er machte sogar einen hohen Sprung und landete doch mit den Füßen wieder sicher auf der dünnen Schnur. Und während die Menschen gebannt zu ihm emporstarrten, rief er plötzlich: »Gebt mir alle euren linken Schuh!« Die gaffenden Leute zuckten die Schultern und wussten nicht, was das sollte. Aber sie erwarteten ein grandioses Kunststück und so zogen alle ihren linken Schuh aus. Till stieg zur Erde herab, nahm alle Schuhe und band sie mit einem Faden zusammen. Damit kletterte er wieder auf sein Seil, tänzelte hin und her und zeigte alle Kunststücke, die er eingeübt hatte.

Doch plötzlich, oh Schreck, schnitt er den Faden durch und alle Schuhe purzelten durcheinander auf die Erde. Jeder wollte natürlich seinen linken Schuh wiederhaben, denn was ist ein

rechter ohne den linken Schuh? Und so stürzten sich alle auf den Schuhberg und wühlten und gruben und suchten nach ihren Schuhen. Manche Schuhe waren sich so ähnlich, dass sich die Menschen darum prügelten: »Das ist meiner!« – »Nein, das ist meiner!«

Till aber saß oben auf dem Seil und lachte die Menschen aus, die sich da unten balgten. »Erinnert ihr euch daran, wie ich ins Wasser fiel?«, rief er. »Nun seid ihr diejenigen, über die man lacht!« Dann kletterte Till auf die Erde zurück und verschwand schnell im Haus seiner Eltern. Denn ein wenig Angst hatte er doch, dass die Leute ihn wegen seines Streichs verprügeln könnten.

Aber Till hatte nun einmal seinen Spaß daran, die Menschen hereinzulegen. Er konnte es einfach nicht lassen! Richtig berühmt war er mittlerweile, wenn auch nicht so, wie seine Mutter und sein Vater es sich gewünscht hätten.

Einige Zeit später versprach Till den Menschen wieder ein tolles Kunststück.

»Ich werde vom Rathaus fliegen«, rief er mitten auf dem Marktplatz. »Kommt alle her und schaut zu!« Die Leute hatten den Streich mit dem Seil noch nicht vergessen, aber sie waren doch neugierig und wollten sehen, wie Till durch die Luft segelte. So liefen alle zum Rathaus, legten die Köpfe nach hinten und starrten nach oben. Dort erblickten sie Till. Er stand auf dem Dach und verbeugte sich. Dann breitete er die Arme aus und begann, sie zu bewegen, als wollte er gleich losfliegen. »Aaaah«, riefen die Leute und »Oooooh« und »Wie mutig!«.

Da hörten sie plötzlich Tills Lachen von da oben. »Ihr habt

wirklich gedacht, ich würde fliegen können? Glaubt ihr denn alles, was man euch sagt?«

Die Menschen verstummten und sahen sich an.

Da redete Till weiter: »Bin ich denn ein Vogel? Habe ich Federn, mit denen ich fliegen könnte? Ach, es ist so einfach, dumme Leute hereinzulegen!« Mit diesen Worten kletterte Till wieder durchs Fenster ins Rathaus hinein.

Die Zuschauer waren wütend: »Das machst du nicht noch einmal mit uns!« Aber einige begannen auch nachzudenken und merkten, dass man nicht alles glauben soll, was einem erzählt wird.

Till bringt seiner Mutter Brot

Es dauerte lange, bis die Menschen Till diesen Streich verzeihen konnten. Die Jahre vergingen und Till wurde so langsam erwachsen. Sein Vater war gestorben und die Mutter hatte wenig Geld. So gab es oft nichts zu essen. Darum überlegte Till, wie er Brot beschaffen könnte, für seine Mutter und für sich. Lust zum Arbeiten und Geldverdienen hatte er nicht, aber eine ziemlich gerissene Idee hatte er.

Er ging in den Laden eines reichen Bäckers. »Guten Tag, Herr Bäcker«, sagte Till. »Ich soll für meinen Herrn einkaufen!« Till nannte den Namen eines bekannten Mannes und dessen Adresse. »Bitte schickt einen Sack voll Brot zu diesem Haus. Euer Geld erhaltet Ihr dort.«

Der Bäcker nickte und lachte und freute sich über das gute Geschäft. Ein Junge sollte Till begleiten und das Geld kassieren. Till aber hatte in den Sack, den er nun dem Bäcker überreichte, ein Loch geschnitten. Und der Bäcker füllte den Sack bis obenhin. Von dem Jungen begleitet, ging Till aus dem Laden. Draußen fiel natürlich ein Stück Brot auf die Straße.

»Oje«, stöhnte Till, »ein schmutziges Brot darf ich dem Herrn nicht bringen. Bitte lauf zurück in den Laden und hol mir ein frisches!«

Der Junge rannte mit dem schmutzigen Brot zurück zum Bä-

cker. Till aber nahm den Sack, hielt das Loch zu und verschwand. Mit dem leckeren frischen Brot kam er nach Hause. Wie sich die Mutter da freute! Sie wusste ja nicht, dass ihr Sohn das Essen erschwindelt hatte.

Der Junge aber, der das dreckige Brot dem Bäcker zurückbrachte und mit einem neuen zum Treffpunkt zurückkam, der wunderte sich, dass er Till nicht mehr antraf. Er ging zum Bäcker zurück, der machte sich gleich auf zu der Adresse, die Till ihm genannt hatte. Doch dort wohnte niemand, der einen Sack voll Brot bestellt hatte. Erst jetzt merkte der Bäcker, dass er betrogen worden war. Wollen wir hoffen, dass der Mann ein gutes Herz hatte und sich nicht allzu sehr ärgerte, dass arme Menschen sein Brot ergaunert hatten!

Till versteckt sich in einem Bienenkorb

In so manches Abenteuer rutschte Till ganz aus Versehen hinein. So wie in dieses, in dem er zwei Diebe auf den Arm nahm, obwohl doch sie es waren, die ihn mit ihren Armen trugen. Eines Tages ging Till mit seiner Mutter zur Kirmes. Dort trank er Bier und Wein und nach einer Weile war er so betrunken und müde, dass er kaum noch stehen oder laufen konnte. Er stolperte neben seiner Mutter über den Sand des Platzes und nach einer Weile sagte die Mutter: »Till, geh nach Haus und leg dich schlafen!« Till nickte und machte sich auf den Heimweg.

Als er so den Weg entlangschwankte und -wankte, sah er hinter einer Ecke einen Stapel von Bienenkörben. Das sind geflochtene Körbe, in denen die Bienen leben. Till fand einen Korb, der leer war. Dorthinein kroch er. Denn darin war es schön dunkel und Till hatte seine Ruhe. Die Mutter dachte, ihr Till sei schon nach Hause gegangen. Der Sohn aber lag im Bienenkorb und schlief viele Stunden lang.

Er schlief so tief, dass er gar nicht merkte, wie in der Nacht zwei Männer zwischen den Bienenkörben herumliefen. Sie wollten einen der Körbe stehlen. »Welchen davon nehmen wir?«, fragte der eine. »Den schwersten«, antwortete der andere. »Im

schwersten ist der meiste Honig.« Also griffen sie nach dem Korb, in dem Till Eulenspiegel lag, setzten ihn auf zwei Stangen und nahmen ihn samt Till mit.

Till erwachte durch das Schnaufen und Schaukeln und Schwanken. Ziemlich schnell war ihm klar, dass er es mit Dieben zu tun hatte, die ihn in der Dunkelheit wegtrugen. Das wollte er sich nun doch nicht gefallen lassen! Darum hob er den Korb ein wenig hoch und zog den Dieb, der vorne ging, kräftig am Haar.

»Aua! Warum reißt du mich am Haar!«, schrie der Mann. Denn er dachte, dass sein Freund ihn ärgern wollte.

»Ja spinnst du denn?«, rief der andere. »Ich trage den Korb und reiße doch nicht an deinem Haar!«

Till kicherte in seinem Versteck und freute sich darauf, die beiden Diebe noch weiterzuärgern. Nach einer Weile streckte er wieder die Hand unter dem Korb durch, diesmal an der anderen Seite, und zog den anderen Dieb an den Haaren. Der hatte natürlich nichts gesehen, denn es war stockdunkle Nacht. Aber gefühlt hatte er den Schmerz.

»Lass das«, rief er, »das tut weh!«

Sein Freund hätte ihm gern einen Vogel gezeigt, aber er hatte ja die Hände nicht frei. »Was schimpfst du denn? Ich schleppe diesen dämlichen Korb und tu dir doch nichts!« Und die beiden beschimpften sich gegenseitig eine ganze Weile lang.

Till Eulenspiegel konnte es nicht lassen und riss dem Vordermann noch einmal kräftig an den Haaren, sodass dessen Kopf an den Bienenkorb schlug. Der Gauner ließ den Korb fallen, drehte sich um und haute dem andern kräftig eins auf die Nase. Und schon war die schönste Rauferei im Gang. Doch da es dunkel war, konnten sich die beiden Raufbolde nicht sehen.

Sie stolperten in die finstere Nacht und ließen den Bienenkorb
mit Till Eulenspiegel auf dem Weg liegen.
Till aber kuschelte sich wieder gemütlich in seinen Korb und
schlief, bis die hellen Sonnenstrahlen ihn weckten.

Till zieht in die Welt hinaus

M utter, ich möchte die Welt kennenlernen«, sagte Till eines Tages. »Ich will andere Städte sehen und vielleicht sogar das Meer!« Die Mutter ließ den Till nur ungern ziehen, denn auch wenn sie ihn oft einen Tunichtgut schimpfte, hatte sie ihn doch sehr lieb. Und sie wusste auch, dass er sie nicht vergessen und immer wieder besuchen würde. So packte sie ihm eine Tasche mit Proviant. Till nahm seine Mutter in den Arm und zog los.

Durch viele Städte wanderte er, und wo er sah, dass jemand eine Arbeit zu vergeben hatte, da ging er hin. Aber er arbeitete nicht wie andere Menschen. Keine Arbeit konnte er ohne Streiche zu Ende bringen.

So kam er einmal zu einem Kaufmann, bei dem er als Küchenjunge arbeiten sollte. Denn der Kaufmann und seine Frau hatten keine Lust, selbst zu kochen, und waren froh, wenn ihnen jemand die Arbeit abnahm. Till und sein Herr kauften also Fleisch und Till sollte daraus einen leckeren Braten machen. »Lass das Fleisch kühl und langsam gar werden, damit es nicht verbrennt«, sagte der Mann.

Till wollte es ganz richtig machen und das Fleisch bloß nicht verbrennen. Also brachte er es in den kühlen Keller und ließ es da liegen. Nach einer Weile fragte der Kaufmann, ob der Bra-

ten fertig sei. Denn er hatte Gäste eingeladen und freute sich schon auf das schöne Essen. »Ich habe das Fleisch an den kühlsten Ort im Haus gelegt«, sagte Till stolz.

»Ist es denn gebraten?«, fragte der Mann.

»Gebraten? Nein, aber schön kühl!«

Und so mussten die Gäste mit knurrendem Magen am Tisch sitzen.

Till aber hatte nun gelernt, dass die Menschen oft nicht genau sagen, was sie meinen.

Der Kaufmann war über Till ziemlich ärgerlich und hätte ihn am liebsten gleich weggeschickt. Aber er brauchte Till noch, um die Kutsche in Ordnung zu bringen. Denn am nächsten Tag wollte der Mann damit verreisen. Zu diesen Zeiten gab es eben noch keine Autos. Wer verreisen wollte, der setzte sich in eine Kutsche, die von Pferden gezogen wurde.

»Schmier die Kutsche!«, befahl der Kaufmann. Er meinte damit, dass Till die Räder und Eisenfedern einfetten sollte, damit die Kutsche gut rollte und nicht quietschte. Till ließ sich das nicht zweimal sagen: Er nahm Fett und schmierte damit die gesamte Kutsche ein, auch die Sitze. Am nächsten Morgen setzte sich der Mann auf die Polster und die Pferde trabten los. Ganz fettig und schmierig war er, als er nach der Reise aus dem Wagen stieg!

Nun hatte der Kaufmann wirklich genug von Till. »Morgen räumst du das Haus!«, befahl er und meinte damit: »Verschwinde!«

»Na gut«, antwortete Till, »dann räume ich eben das Haus.«

Am andern Tag tat Till das, was ihm der Mann befohlen hatte: Er räumte das Haus. Alle Möbel, Tische, Stühle, Schränke und Kommoden, auch die Töpfe und Pfannen, Tassen, Teller

und Vasen räumte er aus dem Haus und stellte alles auf die Straße.

»Was tut er nur?«, fragten sich die Nachbarn und wunderten sich.

Der Mann, der gerade bei Freunden zu Besuch war, hörte davon und lief schnell nach Hause. Da sah er die Bescherung. »Till, was machst du da!«, schrie er entgeistert.

Und Till entgegnete: »Ich tue das, was Ihr mir gesagt habt: Ich räume das Haus.« Wie die Nachbarn da lachten!

Till ließ den armen Mann auf der Straße stehen, winkte zum Abschied und verließ die Stadt.

Lange, lange wanderte er über Berge und durch Täler, bis nach Frankfurt. Vom Geld, das Till beim Kaufmann verdient hatte, ließ er sich dort ein Narrenkostüm nähen, ganz bunt und mit vielen kleinen Glöckchen dran.

In einem Wald nahe bei Frankfurt begegnete er einer Gruppe von Männern. Einer von ihnen war der Bischof von Trier. Da Till so lustig und bunt gekleidet war, sprach der Bischof ihn an: »Wer bist denn du?«

Till antwortete: »Ich bin ein Brillenmacher, gnädiger Herr! Und ich suche Arbeit!« Das stimmte natürlich nicht, denn Till hatte gar keinen Beruf und eigentlich konnte er nichts, außer auf dem Seil zu tanzen und Späße zu machen. Aber es hatte einen Grund, dass Till sich als Brillenmacher ausgab. Er sagte: »Wir Brillenmacher haben ein großes Problem!«

»Was für ein Problem habt ihr denn?«, fragte der Bischof.

»Das mag ich nicht sagen«, antwortete Till. »Denn Ihr würdet darüber ärgerlich werden!«

Aber der Bischof beruhigte ihn und meinte, dass Till es ihm ruhig erzählen könne.

»Nun gut«, sagte Till. »Und er erzählte dem Bischof, dass früher die Richter und anderen hohen Herrn viel gelesen und gelernt hätten, um dafür zu sorgen, dass es auf der Welt gerecht zuging. Dafür habe man viele, viele Brillen gebraucht.

»Heute aber«, sagte Till, »heute glauben sie, schon alles auswendig zu kennen, und schlagen kein Buch mehr auf. Darum brauchen sie auch keine Brillen mehr.«

Der Bischof verstand, was Till damit sagen wollte. Nämlich dass es keine gelehrten Menschen mehr gab, die neugierig in Büchern blätterten. Er war ein weiser Mann und so begeistert von Tills Klugheit, dass er ihn bat, eine Weile bei ihm zu bleiben. Das tat Till und er wurde geehrt und beschenkt, obwohl er nicht eine einzige Brille anfertigte. Allein seine Klugheit brachte ihm Ehre ein.

Denn Till Eulenspiegel war zwar ein Faulpelz und Witzemacher, aber er besaß auch viel Verstand. Er merkte sehr genau, ob ein Mensch dumm oder schlau, nett oder unfreundlich war. Und den Dummen oder Unfreundlichen spielte er am liebsten einen Schabernack. Aber Till foppte auch kluge und sogar nette Menschen, wenn er merkte, dass sie humorlos waren und sich selbst allzu wichtig nahmen. So wie die Gelehrten, die Till in Prag und Erfurt kennenlernte. Auch sie bekamen Tills Späße zu spüren.

Till hält Wache auf dem Turm

n einem schönen Tag wanderte Till übers Land und sah in der Ferne eine stolze Burg mit hohen Türmen. Hier lebte ein Graf. Till hatte wieder einmal kein Geld in der Tasche, aber großen Hunger hatte er. Also klopfte er ans große Burgportal und ließ sich zum Grafen führen.

„Habt ihr Arbeit für mich, edler Herr?", fragte Till.

„Lass mich überlegen", meinte der Graf. „Ich könnte jemanden brauchen, der oben auf dem Turm aufpasst, ob Feinde kommen."

„Mach ich!", rief Till.

„Hier hast du eine kleine Trompete. Und wenn ein Feind kommt, dann bläst du hinein, so laut, dass es alle hören können.

„Mach ich!", rief Till wieder, nahm die Trompete und stieg die vielen Stufen hinauf in den Turm.

Es wurde Mittag und Till hörte von unten aus der Burgküche das Klappern von Tellern und Besteck. Er freute sich: Endlich würde er etwas zu essen bekommen! Aber es wurde Nachmittag, es wurde Abend – aber niemand rief Till zum Essen. Man hatte ihn da oben auf dem Turm vergessen.

Als es dunkel wurde, erblickte Till eine Gruppe von Gaunern, die zur Burg geritten kamen. Sie hatten es auf die Kühe abge-

sehen, die vor der Burg grasten, fingen sie ein und brachten sie fort.

Ein Diener hatte den Diebstahl beobachtet und seinem Herrn gemeldet. Sofort machte sich der Graf auf den Weg, um die Diebe zu verfolgen. Als er sich zur Burg umdrehte, sah er, wie Till aus dem Burgfenster lehnte und übers ganze Gesicht lachte.

„Warum bist du still, wenn Feinde kommen, die uns Böses wollen?", rief der Graf zum Fenster hinauf.

„Weil ich mit leerem Magen nicht gern Musik mache", gab Till zurück.

Wütend ritt der Graf davon, hinter den Kuhdieben her. Aber dafür zu sorgen, dass Till etwas zu essen bekam, daran dachte er nicht.

Nach einer Weile kehrte der Graf zurück. Einige der Kühe hatte er von den Gaunern zurückerobert. Voller Freude darüber ließ er am nächsten Tag einige Kühe schlachten und braten. Oh, wie der Bratenduft Till oben auf dem Turm in der Nase kitzelte! Sicher würde man ihn bald herunterrufen, damit er mit den anderen an den großen Tischen sitzen und das prächtige Mahl genießen konnte!

Aber nichts geschah. Wieder hatte man vergessen, dass da oben auf dem Turm jemand war, der auch Hunger hatte.

Da begann Till auf seiner Trompete zu blasen und laut zu schreien: „Da kommen Feinde! Da kommen Feinde!"

Der Graf und seine Männer hatten gerade mit dem Essen beginnen wollen. Sie sprangen schnell auf, griffen nach Waffen und rannten zum Burgtor. Aber alles war ruhig, kein Feind zu sehen. Die Männer schwangen sich auf Pferde und suchten die Umgebung ab: Vielleicht hatten sich die Feinde ja hinter den Hügeln oder im Wald versteckt!

Währenddessen lief Till vom Turm herunter. Als er sah, dass im Speisezimmer niemand vor den gefüllten Tellern saß, nahm er dort Platz und ließ es sich schmecken, bis er satt war. Dann stieg er wieder die Treppe zum Turm empor.

Der Graf merkte nun, dass Till ihn gefoppt hatte. Denn rund um die Burg hatte er alles abgesucht und keinen einzigen Feind erblickt. „Den Till knöpfe ich mir vor", sagte er zu seinen Begleitern und sie ritten zur Burg zurück.

Dort angekommen, sahen sie zum Fenster hinauf, wo Till zu sehen war. „Bist du verrückt geworden?", rief der Graf. „Wenn Feinde kommen, dann bleibst du ruhig. Aber wenn keine Feinde da sind, dann schlägst du Alarm! Warum tust du das?"

Till lachte. „Ich dachte, ich sollte Feinde anlocken, wenn keine da sind. Denn Feinde kann ein Graf doch immer ganz gut gebrauchen." Und leise zu sich selbst sagte Till: „Wer Hunger hat, der muss eben listig sein."

Till wird an der Universität geprüft

ill sah sich viele Städte an. In Würzburg blieb er eine Woche, in Nürnberg sogar zwei, denn die Lebkuchen dort schmeckten zu lecker! Endlich kam er in ein Land, das heute Tschechien heißt. Dort, in der Hauptstadt Prag, gab es eine berühmte Universität. Hm, dachte Till, gelehrten Männern einen Streich zu spielen, das macht doch besonders viel Freude!

Auf große Zettel schrieb er: »Ich bin ein berühmter Gelehrter und kann alle Fragen beantworten, auf die kein anderer die Antwort weiß.« Diese Zettel klebte er an die Türen der Kirchen und der Universität.

Die Gelehrten waren darüber nicht erfreut. Denn sie hielten sich für die Klügsten und wollten keine Konkurrenz in ihrer Universität haben. Also setzten sie sich zusammen und überlegten, welche schwierigen Fragen sie Till Eulenspiegel stellen könnten. Dann luden sie Till für den nächsten Tag in die Universität ein. Vor allen gelehrten Männern sollte er sein Wissen beweisen.

Pünktlich kam Till am nächsten Tag in die Universität. Er setzte sich auf einen Stuhl, den man ihm bereitgestellt hatte. Vor sich sah er die Leute, die nur darauf warteten, dass er eine Frage falsch beantwortete.

Und nun stellte der Rektor, das ist der Leiter der Universität, seine erste Frage.

»Wie viel Wasser ist im Meer?«

»Das kann man ganz leicht herausfinden«, antwortete Till. »Ihr müsst nur alle Flüsse anhalten, die ins Meer laufen. Dann werde ich hingehen, das Wasser im Meer messen und Euch sagen, wie viel es ist.«

Der Rektor wusste natürlich, dass er die Flüsse nicht anhalten konnte, das aber wollte er nicht zugeben. Darum ließ er die Frage nicht gelten und stellte die nächste.

»Wie viele Tage sind vergangen von Adam und Eva bis heute?«

Till antwortete: »Sieben Tage, dann wieder sieben Tage und wieder sieben Tage. Bis zum Ende der Welt sind es immer sieben Tage!« Damit hatte er recht, denn in der Bibel steht, dass Gott die Welt in sieben Tagen – einer Woche – erschaffen hat. Also kann man die Zeit doch in Wochen zählen! Auch gegen diese Antwort konnten die Gelehrten nichts sagen.

Der Rektor wurde schon ganz nervös und er las die dritte Frage vor: »Wo ist der Mittelpunkt der Welt?«

»Na, hier!«, rief Till. »Messt es mit einer Schnur nach! Genau hier, wo wir sind, ist der Mittelpunkt der Welt!«

Wie er das mit einer Schnur nachmessen sollte, das wusste der Rektor nicht. Darum stellte er schnell die nächste Frage: »Nun sag mir, Till, wie weit ist es von der Erde bis zum Himmel?«

»Gar nicht weit!« Till sprang auf und zeigte zum Himmel. »Wenn jemand hier unten sitzt und nach oben ruft, dann kann man es dort hören. Steigt in den Himmel hinauf! Ich rufe dann ganz leise und Ihr werdet meine Worte vernehmen!«

Aber wie sollte der arme Rektor in den Himmel steigen? Das konnte er doch nicht! Also musste er sich auch hier geschlagen geben.

Er war schon ziemlich wütend darüber, dass Till allen Fragen so geschickt auswich. Und er stellte seine letzte Frage: »Wie groß ist der Himmel?« Das wird er bestimmt nicht wissen, dachte der Rektor bei sich und lächelte schadenfroh.

Doch auch darauf wusste Till eine Antwort: »Der Himmel ist so breit wie tausend Mal die ausgebreiteten Arme und so hoch wie tausend Mal die Arme übereinander. Ich kann das beweisen: Ihr müsst nur den Mond, die Sonne und die Sterne vom Himmel nehmen. Dann könnt Ihr ihn ganz genau ausmessen.«

Wie aber sollten die Gelehrten Sonne, Mond und Sterne vom Himmel pflücken?

So überstand Till alle Fragen, auch wenn er nicht die genauen Antworten sagte. Er verlangte von den Gelehrten bei jeder Frage eben etwas, das sie selbst nicht konnten oder wussten. Und da die klugen Männer nicht zugeben mochten, dass sie etwas nicht schafften, ließen sie Tills Antworten gelten.

Till bekam einen Orden an einer goldenen Kette und man fragte ihn sogar, ob er an der Universität Professor werden wollte. Doch Till schüttelte den Kopf. Er hatte ja nur den gelehrten Herren zeigen wollen, dass nicht nur derjenige klug ist, der viel weiß. Sondern dass Klugheit auch bedeuten kann, schlau und gewitzt zu handeln.

Till hatte es so viel Spaß gemacht, die ernsten Gelehrten in Prag zu foppen, dass er es damit nun auch in Deutschland versuchen wollte. So zog er zurück in sein Heimatland. Über blühende Wiesen und durch Wälder, in denen kleine, gluckernde Bäche seinen Weg begleiteten, wanderte er bis in die Stadt Erfurt.

Till bringt einem Esel
das Lesen bei

Auch in Erfurt gab es eine berühmte Universität. Und auch in dieser Stadt klebte Till seine Zettel an die Türen: »Ich bin ein berühmter Gelehrter und kann alle Fragen beantworten, auf die kein anderer die Antwort weiß.«

Den Gelehrten in Erfurt war zu Ohren gekommen, was ihre Kollegen in Prag mit Till erlebt hatten. Und sie wollten es besser machen und den Narren endlich überlisten.

Der Rektor rief Till zu sich: »Till, du behauptest, du seist ein gelehrter Mann. Dann kannst du sicherlich auch allen lebendigen Wesen das Lesen und Schreiben beibringen!«

»Jaha«, sagte Till, »das kann ich.«

»Das ist gut! Denn ich werde dir einen jungen Esel als Schüler anvertrauen. Bringst du auch einem Esel das Lesen und Schreiben bei?«

»Natürlich!«, sagte Till. »Aber dafür brauche ich viel Zeit. So ungefähr zwanzig Jahre!«

Denn er dachte bei sich: In dieser Zeit wird der Rektor vielleicht sterben, dann muss ich die Aufgabe nicht erfüllen. Oder es stirbt der Esel, dann hat sich die Aufgabe auch erledigt. Und sterbe ich während der zwanzig Jahre, kann es mir sowieso egal sein, ob der Esel lesen lernt.

Till forderte viel Geld für seinen Unterricht und die Gelehrten gaben ihm einen guten Vorschuss.

Till nahm den Esel an die Leine und brachte ihn in seine Herberge. Dort führte er ihn in den Stall. In die Futterkrippe legte er ein altes Buch und streute zwischen dessen Seiten Hafer. Denn Till wusste: Hafer fressen Esel besonders gern.

Als der Esel die leckere Speise roch, schnupperte er im Buch herum. Er fand zwischen zwei Buchseiten Haferkörner, fraß sie und drehte mit dem Maul nun Seite um Seite um. Denn er meinte, dass auch da Hafer versteckt sein könnte. Zwischen manchen Seiten aber lag kein Hafer, dann rief der Esel ganz enttäuscht: »I-aaah, I-aaah!«

Wie gut das klappte! Till freute sich und er ging zum Rektor der Universität. »Kommt mit und überzeugt Euch, wie fleißig das Eselchen lernt! Es kennt schon so manchen Buchstaben!«

Also gingen der Rektor und einige seiner Kollegen zum Stall, um zu sehen, wie gut der Esel schon lesen konnte.

Den ganzen Tag hatte das Tier nichts zu fressen bekommen. Und als Till nun ein Buch ins Heu legte, da hoffte der Esel auf eine leckere Hafer-Mahlzeit. Er stupste mit seinem Maul die Seiten um – aber da lag kein Hafer! »I-aaah, I-aaah«, rief der Esel enttäuscht bei jeder Seite, die er umblätterte.

»Seht Ihr?«, rief Till. »Die beiden Buchstaben I und A kennt das Eselchen schon!« Die Gelehrten nickten stumm und waren erstaunt darüber, wie schnell ein Esel lernen kann.

Der Rektor, der schon sehr alt war, starb kurze Zeit darauf. Till war erleichtert: Nun war er endlich wieder frei. Von dem Geld, das man ihm für den Unterricht gegeben hatte, lebte er eine Weile in Saus und Braus. Seinen langohrigen Schüler brachte er auf eine Weide, wo das Tier glücklich und

zufrieden Gras, Disteln und ab und zu sogar Hafer fressen
konnte.

Als sein Geld aufgebraucht war, zog Till weiter. Viele Tage
und Nächte wanderte er, bis nach Bamberg. Dort kehrte er in
einem Wirtshaus ein, denn er hatte großen Hunger.

Im Speiseraum wartete er auf ein Frühstück.

Als die Wirtin kam, schaute Till die Frau ganz traurig an.
»Ach, liebe Wirtin«, sagte er und seufzte. »Ich bin so arm. Hab
einem Esel das Lesen beigebracht, aber doch kein Geld in der
Tasche. Gebt mir doch bitte Brot um Gottes Lohn.« Damit
wollte er sagen, dass er das Essen umsonst haben wollte.

Doch das konnte die Wirtin nicht zulassen: »Ich muss doch auch sehen, wo ich bleibe! Hier wird fürs Essen bezahlt!«

»Na gut«, sagte Till, »dann esse ich eben für Geld. Was kostet denn das Essen?«

Die Wirtin nannte ihm den Preis für ein sehr gutes Frühstück und den Preis für ein kleines Frühstück. Natürlich nahm Till das sehr gute Frühstück und ließ es sich so richtig schmecken. Danach wollte die Wirtin das Geld kassieren und legte Till die Rechnung hin.

»Was? Wieso soll *ich* hier etwas zahlen?«, rief Till. »Ihr habt mir doch gesagt, das Essen werde hier bezahlt, darum muss ich doch Geld dafür bekommen! Ich habe mich so angestrengt und gegessen und gegessen, das war schwere Arbeit! Gebt mir nun meinen Lohn!«

Die Wirtin merkte, dass ihr Gast ein gerissener Mensch war, und streiten wollte sie sich nicht mit ihm. »Du hast für drei Mann gegessen, das ist wahr. Ich erlasse dir die Rechnung. Aber dass ich dir nun auch noch etwas dafür geben soll, das sehe ich wirklich nicht ein! Nun geh und komm besser nicht noch einmal her!« Im Stillen aber dachte sie: Ich muss in Zukunft wohl besser auf meine Worte achten!

Till verabschiedete sich freundlich und verließ das Wirtshaus, fröhlich und mit vollem Bauch. Und er überlegte, wie er ein wenig Geld verdienen könnte. Küchengehilfe, Brillenmacher und Eselslehrer war er schon gewesen. Warum sollte er nicht auch einmal bei einem Schuhmacher arbeiten!

Till näht Schafe und Ziegen

Früher konnte man Schuhe noch nicht fix und fertig im Laden kaufen. Wer ein Paar neue Schuhe brauchte, der ging in eine Schuhmacher-Werkstatt und ließ es sich anfertigen. Dazu mussten Lederstücke in die passenden Formen geschnitten und dann zusammengenäht werden. In einer solchen Werkstatt nahm Till Arbeit an.

Der Schuhmacher befahl Till, das Leder zuzuschneiden. »Das kann ich machen«, sagte Till. »Aber in welche Formen soll ich es denn schneiden?«

Der Meister hatte keine Zeit für lange Erklärungen und so sagte er beim Herausgehen: »In große und in kleine Formen, so wie die Tiere auf der Weide stehen!« Damit meinte der Schuhmacher, dass Till große und kleine Schuhe zuschneiden sollte – so wie es auch große und kleine Tiere gibt.

Till aber nahm auch diesen Auftrag wörtlich und er schnitt aus den Lederstücken große und kleine Tiere: Schweine, Ochsen, Kälber, Schafe und Ziegen.

Als der Meister in die Werkstatt kam und den kleinen Zoo aus Leder sah, wurde er böse und schimpfte. Denn das Leder war teuer und solche Tiere konnte er doch nicht verkaufen!

Aber Till schaute ihn lachend an und erinnerte ihn daran, was er bestellt hatte: nämlich Formen, so wie die Tiere auf der Weide stehen. »Und genau so habe ich es gemacht!«

»So habe ich das doch nicht gemeint!«, rief der Schuhmacher.
»Ich meinte doch kleine und große Schuhe!«

»Hättet Ihr das so gesagt, hätte ich es auch getan«, erwiderte
Till. Und er versprach, von nun an alles so zu tun, wie es der
Meister haben wollte.

»Na gut«, sagte der Schuhmacher, »dann schneide ich die
Lederstücke jetzt selbst zu. Aber du musst daraus dann Schuhe machen. Näh die kleinen und die großen Lederstücke einfach alle schön zusammen!«

Als das Leder zugeschnitten und der Schuhmacher aus der
Werkstatt gegangen war, machte sich Till ans Zusammennähen. Aber er nähte nicht immer einen Schuh zusammen und
dann den nächsten. Sondern er nähte die kleinen mit den großen Lederstücken zusammen! Solche Schuhe konnte natürlich niemand brauchen!

Der Meister kam zurück und war entsetzt, dass Till schon wieder Unsinn gemacht hatte. »Du solltest doch nicht die kleinen

Stücke mit den großen zusammennähen, das habe ich doch
gar nicht gemeint!«

»Aber gesagt habt Ihr es«, entgegnete Till. »Und ich tue immer,
was man mir sagt, denn ich will doch keinen Ärger haben!«

Der Schuhmacher wollte Till lieber nicht noch einmal Schuhe
nähen lassen, also gab er ihm wieder Leder zum Zuschneiden.
Und er erklärte Till, was er damit tun sollte: »Schneide Schuhe zu über einen Leisten!« Der Leisten ist die Form, auf die der
Schuhmacher das Leder legt, um es in der richtigen Größe zuzuschneiden.

Als Till wieder allein in der Werkstatt war, nahm er ein Le-
derstück nach dem andern, große und kleine, und schnitt alle
nach der kleinsten Leisten-Form zu. Nun hatte er viele winzig
kleine Lederstücke für viele winzig kleine Schuhe.

Der Schuhmacher fiel fast in Ohnmacht, als er das sah. Wer
braucht schon so viele kleine Schuhe? »Dummer Kerl! Du hast
aus den schönen, großen Lederstücken winzig kleine Schuhe

gemacht! Jetzt haben wir ganz viele winzig kleine, aber keine großen Schuhe.«

»Nun«, meinte Till, »ich kann ja aus den übrig gebliebenen kleinen Lederstücken große Schuhe schneiden!«

»Wie willst du das machen?«, schrie der Meister. »Aus großen Stücken kann man kleine Schuhe schneiden, aber aus kleinen Stücken doch nicht große Schuhe! Du solltest doch nicht nur den kleinen Leisten nehmen, sondern auch den großen!«

»Das habt Ihr nicht gesagt! Ihr habt mir befohlen, Schuhe über *einen* Leisten zu schneiden!«

Damit hatte Till natürlich recht. Aber der Meister war sehr ärgerlich. Und er verlangte, dass Till ihm das zerschnittene Leder bezahlte. Da stand Till auf, ging zur Tür und lief aus der Stadt, so schnell er konnte. Noch lange hörte man die Schellen an seiner Narrenmütze, die hell und fröhlich bei jedem seiner Schritte klingelten.

Till wird Schneider

Nicht nur Schuhe wurden zu Tills Lebzeiten mit der Hand genäht, sondern auch alle Kleidungsstücke. Wer eine Hose, einen Mantel oder ein Hemd brauchte, der ließ es sich bei einem Schneider nähen.

In Berlin bekam Till bei einem solchen Schneider Arbeit. Damit auch alles ordentlich wurde, gab ihm der Meister einige Ratschläge. »Hör zu, Till! Es ist ganz wichtig, dass du so nähst, dass man es nicht sieht!« Damit meinte er natürlich, dass Till die Nähte fein und akkurat sticheln sollte.

Till aber nahm die Worte des Schneiders wieder mal wörtlich. Und was machte er? Er griff sich Stoff, Zwirn und Nadel und kroch damit unter eine hölzerne Wanne.

Der Meister stand eine Weile neben dem Bottich und fragte sich, warum sein Geselle wohl darunter verschwunden war.

»He, komm da heraus!«, rief er.

Till kam aus seinem Versteck hervor und schaute den Schneider fragend an. So als wüsste er gar nicht, warum er nicht unter der Wanne nähen sollte.

»Warum bist du dahinein gekrochen?«

»Weil Ihr mir gesagt habt, dass ich so nähen soll, dass man es nicht sieht! Und man hat mich doch wirklich nicht gesehen beim Nähen!«

Der Schneider schüttelte den Kopf. »Till, näh nun bitte so, dass es jeder sehen kann!«

Nach einigen Tagen hatte der Schneider schon vergessen, dass man mit seinen Worten vorsichtig sein musste, wenn man Till etwas sagte. Abends bat er Till noch, ein Kleidungsstück fertig zu nähen, das in der Werkstatt lag. Es war ein grauer Mantel, so grau wie das Fell eines Wolfes. »Ich geh jetzt schlafen«, murmelte der Schneidermeister und gähnte. »Mach noch den Wolf fertig, dann kannst du auch ins Bett.«

Den Wolf? Till grinste. Dann schnappte er sich den Mantel, trennte alle Nähte wieder auf und nähte den grauen Stoff so zusammen, dass er aussah wie der Kopf eines Wolfes. Auch Körper und Beine nähte er an und stützte alles mit Holzleisten. Nun stand ein Wolf in der Schneider-Werkstatt und Till ging schlafen.

Wie der Schneider am nächsten Morgen erschrak, als er das wilde Tier in seiner Werkstatt stehen sah! Erst nach einer Weile merkte er, dass der Wolf nur aus Stoff und Stangen bestand! Till war inzwischen auch ins Zimmer gekommen.

»Was hast du aus dem schönen grauen Mantel gemacht!«, schrie der Schneider.

»Ich habe einen Wolf daraus gemacht, so wie ich es sollte«, antwortete Till.

»Aber ich habe den grauen Mantel doch nur Wolf genannt, weil er eben grau ist wie ein Wolf!«

»Oje!«, sagte Till leise und verschmitzt. »Hätte ich das gewusst! Es hat mich viel Arbeit gekostet, aus dem Mantel einen Wolf zu machen. Den Mantel einfach fertig zu nähen, wäre einfacher gewesen.«

Der Schneider zuckte die Achseln. Nun war das Unglück

eben passiert und er hatte keine Lust, sich weiter aufzuregen.

Aber er wurde nicht klug und achtete ein paar Tage später abermals nicht auf das, was er zu Till sagte. Wieder war er abends zu müde, um noch zu arbeiten. Und wieder befahl er seinem Gesellen, einen Mantel fertig zu nähen. Nur noch die Ärmel mussten angeheftet werden. Das meinte der Schneider, als er zu Till sagte: »Wirf noch die Ärmel dran, dann kannst du schlafen gehen.«

Till zündete Kerzen an, denn elektrisches Licht kannte man zu der Zeit noch nicht. Dann hängte er den Mantel an einen Haken, stellte sich davor und warf nun beide Ärmel an das Kleidungsstück. Den linken und den rechten, immer schön abwechselnd. Die ganze Nacht hindurch schleuderte er die Ärmel an den Mantel. Und als der Meister morgens zur Tür hereinkam, war Till immer noch nicht mit dem Werfen fertig.

Der Schneider sah sich das eine Weile stumm an. Dann fragte er verwundert: »Darf ich fragen, was du da treibst?«

Till war eifrig bei der Sache, und während er warf, die Ärmel aufhob und wieder warf, keuchte er ganz außer Atem: »Ich werfe die Ärmel an den Mantel, so wie Ihr es mir befohlen habt. Die ganze Nacht habe ich damit zugebracht und kein Auge zugetan. Aber die Dinger wollen einfach nicht daran kleben bleiben!«

Der Schneider merkte, dass er wieder die falschen Worte gewählt hatte. Und er erklärte dem Gesellen, er habe doch gemeint, Till solle die Ärmel schnell noch annähen.

Da sah Till den Mann mit ernsten Augen an: »Immer sagt Ihr alles anders, als Ihr es meint. Die ganze Nacht habe ich damit verbracht, das zu tun, was Ihr mir aufgetragen habt. Die Är-

beit müsst ihr heute allein erledigen. Denn ich bin müde und muss jetzt schlafen.«

»Schlafen?«, rief der Schneider. »Ich bezahle dich nicht fürs Schlafen.«

Er befahl Till, sofort mit seiner Arbeit zu beginnen, und außerdem wollte er die Kerzen bezahlt haben, die Till in der Nacht verbraucht hatte. Da nahm der Schelm schnell seine Sachen und lief zur Tür hinaus.

Nach Norden wanderte Till nun, bis nach Rostock an der Ostsee.

Auch hier gab er sich als Schneider aus. In seinem kleinen Zimmer in der Herberge setzte er sich an den Schreibtisch und verfasste einen Brief an alle Schneider in den umliegenden Städten. In dem Brief stand: »Kommt zu mir, liebe Kollegen! Ich bringe euch eine Kunst bei, die für euch und eure Kinder sehr nützlich ist. Es grüßt euch herzlich euer Schneidermeister Till.«

Sofort machten sich die gutgläubigen Schneider auf den Weg nach Rostock. Einer nach dem andern kam in Tills Herberge zur Tür herein und nach einer Weile war der Raum voller neugieriger Schneider, die von Till die nützliche Kunst lernen wollten.

»Kommt mit!«, sagte Till und er führte die Gesellschaft hinaus ins Freie auf eine große Wiese. Auf der Wiese stand ein unbewohntes Haus. In das ging Till hinein, dann schaute er zum Fenster heraus und begann zu sprechen. »Liebe Schneider-Kollegen!«, sagte er mit feierlicher Stimme. »Merkt euch dies: Zum Nähen braucht man eine Schere, ein Maßband, Nadel, Faden und einen Fingerhut. Und nun verrate ich euch das

größte Geheimnis: Wenn ihr einen Faden durch die Nadel gezogen habt, so vergesst nicht am Ende einen Knoten zu machen! Sonst rutscht euch das Fädchen wieder heraus!«

Die Schneider schauten sich ratlos an. »Das wissen die Schneider doch schon seit tausend Jahren!«, rief einer. Und ein anderer: »Für solche Weisheiten sind wir nicht von so weit her angereist. Hast du uns nichts Spannenderes zu erzählen?«

Till aber machte ein wichtiges Gesicht. »Was man vor tausend Jahren wusste, ist heute vielleicht vergessen! Aber braucht ihr meine Ratschläge nicht, dann könnt Ihr nun wieder nach Hause gehen.«

Da waren die Schneider vielleicht wütend! Am liebsten hätten sie Till verhauen, aber der saß in seinem Häuschen und hatte die Tür fest verschlossen. So gingen die armen Schneider die lange Strecke zurück in ihre Städte und Dörfer. Und als sie zu Hause waren, wurden sie auch noch ausgelacht, dass sie sich von Till so foppen ließen. Till aber blieb noch ein paar Tage in der Herberge und zog dann weiter. Nach Leipzig wollte er reisen, denn dort, so hatte er gehört, gab es eine große Messe und viel zu sehen.

Till macht aus einer Katze einen Hasen

Till saß im Gastraum der Herberge, in der er zu Leipzig wohnte, und um seine Beine strich eine dicke Katze. Der Narr schaute ihr zu, wie sie schnurrend ihren Hals am Stuhlbein rieb, und das brachte ihn auf eine Idee. Schwupp, schnappte er sich das Tier und versteckte es unter seiner Jacke. Dann ging er in die Küche und bat den Koch um ein Hasenfell. Denn mittags hatte es Hasenbraten gegeben. Schnell verschwand Till damit in seinem Zimmer, holte Nadel und Faden und nähte das Fell um die Katze herum.

Mit dem Hasen, der ja eigentlich eine Katze war, stellte sich Till auf den Marktplatz. Niemand erkannte ihn, denn er hatte sich als Bauer verkleidet. Ein Kürschner kam daher, das ist jemand, der aus Tierfellen schöne Pelze macht, die die Menschen dann als Mäntel oder Mützen tragen. Till rief ihm zu: »He! Wollt Ihr nicht einen prächtigen Hasen kaufen?«

»Lass mal sehen«, meinte der Kürschner und betrachtete das dicke, zappelnde Tier.

»Das kostet natürlich eine schöne Stange Geld«, sagte Till. Der Kürschner nickte, zückte seine Geldbörse und zählte Till viele Münzen in die Hand. Dann ging er zu dem Wirtshaus, wo seine Kollegen beieinandersaßen. Er betrat die Gaststube und rief durch den Lärm: »Seht doch, was ich hier

habe! So einen schönen, dicken Hasen habt ihr noch nie gesehen!«

Die anderen Kürschner verstummten und staunten über das Tier. Jeder wollte es einmal anfassen. »Der ist sein Geld wert«, riefen sie. »Ein so herrliches Fell!« – »Das wird ein leckerer Braten!«

Bevor sie es schlachteten, wollten die Männer erst noch ihren Spaß haben mit dem armen Tier. Sie setzten es in einen Garten und ließen ihre Hunde los. Denn sie fanden es lustig, einer Hasenjagd zuzusehen.

Aber anstatt vor den großen Hunden davonzulaufen und im Zickzack durchs Gras zu hoppeln, kletterte der Hase blitzschnell auf einen Baum.

»Miau«, rief er und dann noch einmal:

»Miau!«

Da wussten die Kürschner, dass man sie getäuscht hatte und dass der Hase nichts anderes war als eine Katze. Sie wurden wütend, so wütend, dass sie sich mit Knüppeln bewaffneten und Till verprügeln wollten.

Aber das hatte Till geahnt und schnell sein Narrenkostüm

wieder angezogen. So erkannten ihn die zornigen Männer ebenso wenig, wie sie vorher die verkleidete Katze erkannt hatten.

Till aber ging fröhlich pfeifend durchs Tor aus der Stadt hinaus und keiner ahnte, dass der bunt gekleidete Spaßmacher niemand anderer war als der Bauer, der gerade einen falschen Hasen verkauft hatte.

Ach, an der Ostsee war es schön, dachte Till unterwegs. Wie einem da der Wind um die Nase pfeift und wie sich die Wellen so schön türmen! Also machte er sich auf den Weg zurück zum Meer.

Bis nach Lübeck wollte er ziehen.

Till erschwindelt einen Krug Wein

Wie in allen anderen Städten, so wurde auch in Lübeck zu diesen Zeiten Wein in Krügen und Kannen verkauft. Wer Wein haben wollte, der brachte eine Kanne von zu Hause mit und ließ sie bei einem Weinzapfer füllen.

In Lübeck lebte ein solcher Weinzapfer, der bekannt war für seine unfreundliche Art. Hartherzig und geizig war er, dazu noch eingebildet. Er hielt sich für den klügsten Mann der Stadt und immer wieder sagte er: »Ich möchte den sehen, der klüger ist als ich. Niemand, aber auch wirklich niemand wäre schlau genug, um mich zu überlisten!«

Till hörte davon, als er in die Stadt kam. Hm, dachte der Narr, einem solchen Menschen einen Streich zu spielen, macht ganz besonders viel Spaß. Und er hatte schon eine Idee, wie er den Mann hereinlegen könnte.

Till schnappte sich zwei große Kannen, von denen die eine genauso aussah wie die andere. In die eine Kanne goss er Wasser und versteckte sie unter seinem Mantel. Die andere, leere Kanne trug er offen in der Hand. So kam er in den Weinkeller, in dem der gemeine Weinzapfer arbeitete. Till ließ die leere Kanne füllen, verbarg sie dann schnell unter dem Mantel und zog die mit Wasser gefüllte Kanne hervor. Die stellte er auf den Tisch.

»Herr Weinzapfer, was kostet eigentlich eine Kanne voll Wein?«

Der Zapfer nannte ihm mürrisch den Preis.

»Oje«, sagte Till, »so viel habe ich gar nicht bei mir. Könnt Ihr mir den Wein nicht billiger verkaufen?«

»Kommt nicht infrage«, brüllte der Mann. »Ich lasse nicht mit mir handeln. Wer den Preis nicht zahlen kann, der bekommt auch keinen Wein!«

»Schade«, entgegnete Till. »Dann kann ich den Wein leider nicht kaufen. Gießt ihn nur wieder aus.«

Der Weinzapfer griff nach der Kanne, schaute nicht genau hin und goss den Inhalt ins große Weinfass. Till Eulenspiegel und du, ihr wisst, dass es Wasser war, das der Weinzapfer ins Fass goss. Der aber glaubte, er schütte die Kanne aus, die er gerade mit Wein gefüllt hatte. Er schimpfte vor sich hin: »Erst Wein einfüllen lassen und dann nicht bezahlen können! Unglaublich, wie dumm manche Leute sind!«

Gut, dass er nicht hörte, was Till nun leise sprach: »Es ist niemand so klug, dass er nicht von einem Narren betrogen werden könnte. Selbst ein Weinzapfer nicht.« Und mit diesen Worten verließ er den Weinkeller. Die leere Kanne trug er so, dass sie jeder sehen konnte. Die Kanne voll Wein aber hatte er gut unter dem Mantel versteckt.

Till backt Eulen und
kleine Affen

er erschwindelte Wein hatte Till gut ge-
schmeckt. Ein paar Tage blieb der Schelm
noch in Lübeck, aber dann zog es ihn weiter.
Er wanderte wieder gen Süden, nach Braunschweig, in die
Nähe seines Elternhauses. Natürlich besuchte er seine Mutter. Wie die sich freute, als sie ihren Till wieder sah!

Gleich nebenan hatte ein Bäcker seine Backstube. Zu dem
ging Till. Denn der Bäcker suchte einen Gesellen und Till
suchte Arbeit. So wurde Till Eulenspiegel in Braunschweig
Bäckergeselle.

Besonders geschickt stellte sich Till in der Backstube nicht
an. Und er hatte auch keine große Lust, so früh aufzustehen
und zu arbeiten, wie es ein Bäcker muss. Denn am frühen
Morgen wollen die Menschen doch frische Brötchen kaufen.
Ziemlich müde und träge war Till in diesen frühen Morgen-
stunden. Am liebsten wäre er an den warmen Ofen gekrochen
und hätte geschlafen. Das sah sich der Bäcker eine Weile an,
dann schüttelte er den Kopf. »Till, du bist mir hier keine Hilfe. Besser ist es, wenn du am Abend backst. Dann ist alles in
der Nacht schon fertig und am Morgen können wir die Ware
verkaufen.« Das gefiel Till. »Und was soll ich backen?«, fragte
er den Meister.

Der schaute Till verwundert an. Ein Bäckergeselle, der nicht weiß, was er backen soll? So sagte er im Spaß: »Na, was schon? Eulen und Meerkatzen natürlich!« Er dachte, dass Till diesen Spaß verstanden habe und wüsste, dass er Brot und Brötchen backen sollte.

Doch Till stellte sich in die Backstube und formte aus Teig viele, viele Eulen. Und auch viele, viele Meerkatzen. Das sind kleine Affen, die sehr niedlich aussehen. All diese Tierchen schob er in den Ofen und backte sie knusprig braun.

»Träume ich etwa?«, rief der Bäcker, als er am nächsten Morgen die Backstube betrat. »Was hast du denn da gebacken?«

»Eulen habe ich gebacken und Meerkatzen«, antwortete Till. »So wie Ihr es mir befohlen habt.«

Der Bäcker wurde wütend, so wütend, dass er Till am Kragen packte und ihn schüttelte. »Brot solltest du backen und Brötchen, nicht so ein unsinniges Zeug, das ich nicht verkaufen kann! Los, bezahl mir den Teig!«

»Darf ich dann mitnehmen, was ich gebacken habe?«, fragte Till.

»Ja, ja«, entgegnete der Meister und ließ Till los. »Ich kann es sowieso nicht gebrauchen.«

Till bezahlte den Teig und packte alle Eulen und Meerkatzen in einen großen Korb. Damit stellte er sich vor die Kirche. »Kauft, Leute, meine Knuspertiere! Eulen, die nicht heulen. Meerkatzen, die nicht kratzen!«

Die Menschen kamen neugierig näher. »Oh, wie niedlich«, riefen die Kinder, »das will ich haben!« Und da es der Tag vor Nikolaus war, kauften die Eltern Till alle Eulen und Äffchen ab und schenkten sie ihren Kindern. Und ein paar Erwachsene kauften sie auch für sich selbst. Im Nu war Tills Korb leer.

Und er hatte viel mehr verdient, als er dem Bäcker für den Teig zahlen musste.

Der Bäcker aber erfuhr von Tills glücklichen Verkäufen. Da er ein geldgieriger Mann war, gönnte er Till nicht das gute Geschäft und wollte von dem Geld etwas abhaben. Schnell wischte er das Mehl von den Händen, band seine weiße Schürze ab und lief zur Kirche, um von Till noch mehr Geld zu verlangen. Doch Till war schon zum Stadttor hinausgelaufen und in seiner Tasche klingelten die Münzen mit den Glöckchen an seiner Kappe um die Wette.

Till wird eingeladen
und isst alles ganz alleine auf

ie Stadt Lüneburg, wo vor den Toren das Heidekraut wächst und sich in düsteren Moorseen die weißen Birken spiegeln, war Tills nächste Station. Noch ahnte er nicht, dass er in dieser Stadt zum ersten Mal selbst gefoppt werden sollte.

Viele Menschen hier hatten schon von Eulenspiegels Streichen gehört und redeten über die Eulen und kleinen Affen, die Till in Braunschweig gebacken hatte. Und so mancher dachte bei sich: Dem würde ich seine Späße gern mal zurückzahlen! So auch ein Pfeifenmacher (das ist jemand, der aus Holz Tabakspfeifen schnitzt). Dieser Pfeifenmacher saß mit seinen Freunden im Wirtshaus, als die Tür aufging und Till hereinkam.

»Setz dich zu uns«, sagte der Pfeifenmacher und zwinkerte seinen Kollegen zu. Denn er wollte, dass die andern mitbekamen, wie er Till Eulenspiegel einen Streich spielte.

Er war freundlich zu Till und nach einer Weile sagte er so laut, dass alle es hörten: »Ich würde mich freuen, dich bei mir zu Hause als Gast zu haben. Komm morgen zum Mittagessen, wenn du kannst!« Till sagte zu und freute sich.

Am nächsten Tag ging er zum Haus des Pfeifenmachers. Aber wie wunderte er sich, als dort niemand aufmachte! Und nicht

nur das: Alle Fenster waren verriegelt, die Tür war versperrt. Bis zum Nachmittag wartete Till, ob ihm doch noch jemand aufmachen würde. Aber das Haus blieb verschlossen. Nun merkte Till, dass er betrogen worden war.

Till foppte gerne andere. Aber er selbst ließ sich nicht gern auf den Arm nehmen. So ging er nach Haus und überlegte, wie er es dem Pfeifenmacher heimzahlen könnte.

Am nächsten Tag kam er auf den Markt, wo der Pfeifenmacher seine Ware verkaufte, und sprach ihn an. »Warum ladet Ihr Gäste ein und lasst sie dann nicht in Euer Haus?«

Der Pfeifenmacher begann zu grinsen und schließlich laut zu lachen. »Hast du nicht gehört, was ich sagte? Ich sagte: Komm zum Mittagessen, wenn du kannst! Aber leider konntest du nicht, denn mein Haus war verriegelt und verschlossen!« Der Mann bog sich vor Lachen und Schadenfreude. Ganz rot wurde sein Kopf vor lauter Stolz, dass er dem berühmten Narren so einen schönen Streich gespielt hatte.

Till aber sagte nur: »Danke, dass Ihr mir das erklärt habt. Ich freue mich immer, wenn ich etwas lernen kann.«

Dem Pfeifenmacher tat sein Streich aber doch ein wenig leid. Und so sagte er zu Till: »Wenn du jetzt zu meinem Haus gehst, wird es nicht verschlossen sein. Es gibt für dich dort leckeres Essen. Geh schon voraus, ich komme etwas später nach. Und du musst nicht meinen, dass dir jemand etwas wegessen könnte. Du sollst allein sein, ich will niemand außer dir im Haus haben.«

Nun wusste Till, wie er den Streich zurückzahlen konnte.

Er ging zum Haus des Pfeifenmachers und trat ein. Über dem Feuer drehte sich ein Braten und die Frau des Pfeifenmachers deckte gerade den Tisch. »Setz dich, Till«, sagte sie freundlich, »das Essen ist gleich fertig.«

Aber Till schüttelte den Kopf. »Ich soll Euch von Eurem Mann ausrichten, dass Ihr ganz schnell zu ihm laufen sollt! Ihm wurde ein großer Fisch geschenkt, der ist so riesig, dass er ihn nicht allein nach Hause bringen kann. Geht hin und helft ihm beim Tragen! Ich werde solange auf den Braten aufpassen.«

Da lief die Frau aus dem Haus, um zu helfen, den Fisch nach Hause zu tragen.

Unterwegs traf sie ihren Mann, denn der war gerade auf dem Heimweg. Aber ein Fisch war weit und breit nicht zu sehen.

»Wohin rennst du denn?«, fragte der Pfeifenmacher seine Frau.

»Na, den Fisch will ich tragen helfen. Wo ist denn der Riesenfisch, von dem Till Eulenspiegel erzählt hat?«

Da ahnte der Mann, dass Till etwas vorhatte. »Schnell nach Hause!«, rief er. »Wer weiß, was Till im Schilde führt!«

Und beide liefen, so schnell sie konnten, zu ihrem Haus. Aber

alles war verriegelt und die beiden standen draußen und kamen nicht hinein – so wie Till am Tag zuvor. Sie klopften an die Tür und hörten von innen Tills Stimme: »Ich lasse hier niemanden herein! Der Hausherr hat gesagt, er will keinen außer mir im Haus haben. Ich soll ganz allein sein!«

»Das ist wahr«, sagte der Pfeifenmacher. Und es blieb ihm und seiner Frau nichts anderes übrig, als zu einem Nachbarn zu gehen und dort zu warten, bis Till das Haus wieder aufschloss. Till aber nahm sich den herrlichen Braten, setzte sich an den Tisch und aß so viel, bis nichts mehr in seinen Bauch hineinpasste. Dann schloss er die Tür auf und wartete auf den Pfeifenmacher und dessen Frau. Bald kamen die beiden und der Mann schaute ziemlich ärgerlich aus. »Es ist gar nicht nett von einem Gast, den Gastgeber auszusperren und alles selbst aufzuessen«, brummelte er.

Till aber lachte übers ganze Gesicht: »Ich musste doch allein essen! Denn Ihr wolltet doch nur mich im Haus haben. Und dafür habe ich gesorgt.« Mit diesen Worten verließ er das Haus und dachte bei sich: Wer es mit mir aufnimmt, der muss schon ein bisschen schlauer sein.

Er schnürte sein Bündel und machte sich auf den Weg zurück in die Stadt Braunschweig. Denn das Heimweh kniff ihn tüchtig ins Herz. Durch so viele Städte war er gewandert, dass seine Schuhe schon ganz kaputt waren. Beim einen hatte sich die Sohle gelöst, beim andern schaute Tills großer Zeh oben heraus. Also kaufte er sich ein paar feste Stiefel und mit denen wanderte er zur Stadt herein.

Till schaut durchs Fenster, ohne es aufzumachen

Schön waren Tills neue Stiefel. Aber immer wenn er damit durch die Straßen ging, quietschte und knarrte das Leder. Das mochte Till gar nicht leiden. Und so ging er zu einem Stiefelmacher, der die Schuhe mit Fett einreiben sollte, damit sie geschmeidig würden und nicht mehr knarrten. Er betrat die Werkstatt und legte die Schuhe auf den Tisch.

»Spick mir das Leder«, bat er, »am Montag hole ich die Stiefel wieder ab.«

»Spicken« heißt eigentlich, Speck in ein Stück Fleisch zu stecken, damit es beim Braten schön zart und saftig wird.

Und da Till seine Stiefel weich und geschmeidig wie ein zartes Stück Fleisch haben wollte, nannte er das Einfetten »Spicken«.

Der Geselle des Stiefelmachers schmunzelte. Denn er wusste, dass Till Eulenspiegel die Leute gern beim Wort nahm und damit seinen Unfug trieb. Und er sagte zu seinem Herrn: »Ich weiß, wie wir Till eins auswischen können. Till will die Stiefel gespickt haben und so soll er sie auch bekommen!«

Er nahm ein Stück Speck, schnitt es in Streifen, bohrte mit einer Nadel Löcher in die Schuhe, als wären sie zwei Stücke Fleisch, und stopfte den Speck hinein. Nun hatte er sie tatsäch-

lich gespickt. Der Meister lachte in sich hinein und freute sich schon auf den Montag und das dumme Gesicht von Till, wenn der seine durchlöcherten Stiefel sehen würde.

Am Montag kam Till in die Werkstatt des Stiefelmachers, sah seine Stiefel und begann zu lachen. »Das habt Ihr gut gemacht«, rief er. »Ihr habt genau das getan, was ich Euch gesagt habe. Das gefällt mir!« Er bezahlte den genannten Preis, nahm die Stiefel und ging hinaus.

Der Stiefelmacher freute sich über den gelungenen Streich. »Nun haben wir den klugen Till Eulenspiegel hereingelegt«, sagte er zu seinem Gesellen. Und beide lachten, dass ihnen die Tränen über die Wangen rannen.

Doch plötzlich hörten sie ein lautes Krachen und Splittern. Es klang, als sei ein Fenster zerbrochen. Und tatsächlich: Eine Fensterscheibe war entzwei und durch das Loch im Glas sah man Tills Kopf.

»Welche Art von Speck habt Ihr eigentlich für meine Stiefel benutzt?«, fragte Till und schob seinen Kopf noch weiter durchs Fenster in die Werkstatt herein. »Ist es Speck von einer Sau oder von einem Eber?« Der Meister und sein Geselle sahen sich an. Da klirrte es wieder, denn Till zerschlug noch mehr Glas. Bis zum Bauch ragte Till nun in den Raum und wackelte lustig mit dem Kopf. Unter dem Fenster in der Werkstatt lagen lauter Glasscherben.

»Lass das!«, schrie der Meister. Denn diesen Streich fand er gar nicht lustig.

»Aber was habt Ihr denn?«, fragte Till mit unschuldiger Miene. »Ich will doch nur wissen, womit Ihr meine Stiefel gespickt habt!«

»Scher dich fort!«, rief der Stiefelmacher.

Till sagte fröhlich: »Na gut, dann frage ich eben jemand anders, womit man Stiefel spicken kann!« Und schon war er verschwunden.

Der Stiefelmacher begann zu schimpfen. Er stand vor seinem zerbrochenen Fenster und wusste nicht, wie er es wieder heil bekommen sollte. »Du hast mir das eingebrockt«, schrie er seinen Gesellen an. Und zu sich selbst sagte er nachdenklich: »Hätte ich bloß Till in Ruhe gelassen. Nun hat er mir einen Streich gespielt, der viel schlimmer ist als der Unfug, den ich mit ihm getrieben habe.« Nie wieder, so schwor er sich, wollte er es mit dem Narren aufnehmen!

Der Geselle aber musste seine Sachen nehmen und gehen. Denn er war ja schuld daran, dass nun der kalte Wind in die Werkstatt wehte.

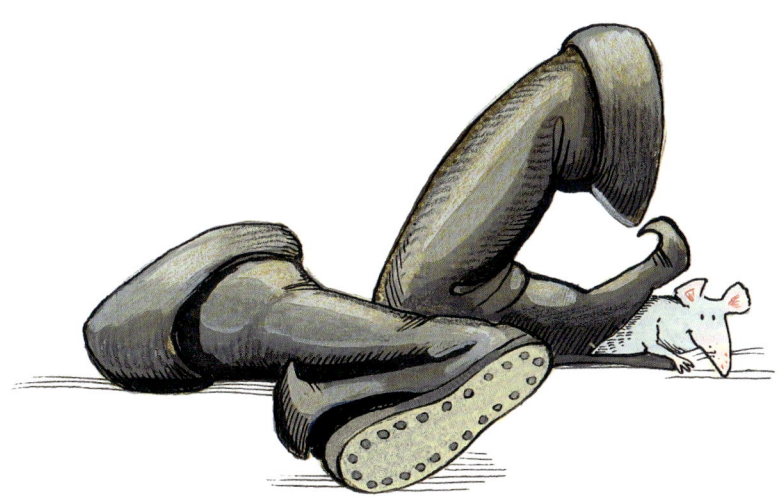

Till foppt einen Angeber

An einem kalten Wintertag kam Till in die Stadt Eisleben. Schon von fern hatte er die mächtige Burg erblickt, auf deren Zinnen sich die Schneehauben türmten. An einem See erhob sich ein prächtiges Schloss. In dieser Stadt quartierte sich Till in einer Herberge ein. Schon bald merkte er, dass der Wirt, dem diese Herberge gehörte, ein Aufschneider und großer Angeber war. Oft erzählte der Wirt von seinen ruhmreichen Taten und wie klug und weise er stets handelte. Till beobachtete ihn, wenn er in der Gaststube saß. Und er hatte große Lust, dem Angeber einen Denkzettel zu verpassen.

Eines Nachts flog die Tür auf und ein Schwall Schneeflocken tanzte in den Raum. Drei Kaufleute kamen aus der Kälte in die Herberge. Schnell setzten sie sich ans Feuer und rieben sich die Hände. Der Wirt brachte ihnen Essen und natürlich wollte er wissen, woher sie kamen und warum sie so spät noch unterwegs waren.

»Wir haben ein schlimmes Abenteuer erlebt«, erzählte einer der Männer und biss in ein Stück Brot.

»Uns ist ein Wolf begegnet, ein wildes, hungriges Tier«, berichtete der zweite Kaufmann, »fressen wollte er uns mit Haut und Haar!«

»Aber wir haben ihn verjagt«, ergänzte der dritte.

Zu der Zeit, als Till Eulenspiegel seine Späße trieb, gab es nämlich noch Wölfe in den Wäldern, die manchmal sogar die Menschen anfielen.

Der Wirt schaute die drei durchgefrorenen Männer spöttisch an. »So, so«, sagte er, »es braucht drei Männer, um mit einem Wolf fertig zu werden?« Er lachte höhnisch. »Ich allein würde zwei Wölfe zur Strecke bringen. Mich könnte so ein Tier nicht erschrecken.« Mit wilden Handbewegungen zeigte der Wirt, wie er ein ganzes Rudel Wölfe erledigen würde. Und immer wieder machte er sich darüber lustig, dass es die drei Leute nur mit Mühe geschafft hatten, einen einzigen Wolf in die Flucht zu schlagen.

Na warte, dachte Till. Dir wird das Angeben noch vergehen.

Als sie allein waren, überlegten Till und die drei Kaufleute, wie sie dem Aufschneider eine Lektion erteilen könnten. Till hatte schon eine Idee. Aber er erzählte nicht, was er plante. »Zieht morgen weiter«, sagte er zu den Kaufleuten. »Und auf dem Rückweg kommt wieder in diese Herberge. Dann wollen wir doch mal sehen, ob der alte Angeber wirklich so mutig ist, wie er tut.«

Am nächsten Tag packten die Kaufleute ihre Sachen zusammen und ritten davon. »Passt bloß auf, dass euch kein Wolf begegnet!«, rief der Wirt ihnen noch höhnisch nach. Till aber ritt in den Wald und traf tatsächlich auf einen Wolf. Er tötete das Tier und ließ es im Schnee liegen.

Einige Tage später kehrten die Kaufleute in die Herberge zurück. Und wieder spottete der Wirt über die drei Männer. »Na, ihr Helden? Habt ihr wieder einen Wolf getroffen?« Und erneut erzählte er, wie heldenhaft er mit wilden Tieren kämpfen und wie schnell er sie verjagen würde. Den ganzen Abend

sprach der Wirt von nichts anderem als von seinen Heldentaten.

Als die Kaufleute in ihr Zimmer gegangen waren, kam Till zu ihnen. »Gleich werdet ihr erleben, wie der Wirt ganz schön kleinlaut wird. Wartet nur ab!«, flüsterte er. Dann schlich er sich aus dem Haus in den Wald, wo der tote, hart gefrorene Wolf lag. Till trug ihn zur Herberge und brachte ihn in die Küche. Mit Holzstöcken richtete er ihn auf, sodass der Wolf nun aufrecht stand. Mit einem kleinen Holzstück sperrte er den Rachen weit auf. Ziemlich unheimlich sah das aus! Schnell legte Till dem Wolf noch zwei Schuhe zwischen die Zähne.

Dann ging er zu den Kaufleuten ins Zimmer und begann, nach dem Wirt zu rufen: »Herr Wirt, wir haben Durst! Bringt uns etwas zu trinken!«

Der Wirt war aber müde und hatte keine Lust, selbst in die Küche zu gehen. Darum schickte er die Magd. Auch sie war ganz schläfrig, gähnte herzhaft, musste dann aber doch aufstehen. Noch halb im Schlaf kam sie in die Küche. Aber wie erschrak sie, als sie einen wilden Wolf sah, der mit weit aufgerissenem Maul vor dem Herd stand! »Hilfe!«, schrie sie und begann zu zittern. Nun sah sie auch noch die Schuhe zwischen den Zähnen des Wolfes und meinte natürlich, dass der Wolf bereits einen Menschen verspeist habe. Schlotternd vor Angst, rannte sie aus der Küche auf den Hof.

Till und die Kaufleute aber riefen wieder: »He, Wirt, wann bringt Ihr uns denn endlich etwas zu trinken?«

Der Wirt war gerade wieder eingeschlafen und er rief den Knecht: »Lauf in die Küche und bring den Gästen etwas zu trinken!«

Der Knecht stand auf, rieb sich die Augen und schlich dann

schlaftrunken in die Küche. Wie schnell er hellwach war, als er das wilde Tier da stehen sah. »Oje, oje, das Biest hat unsere Magd gefressen!«, schrie er, als er die Schuhe im Maul des Wolfes erblickte. Voller Angst rannte er in den Keller und versteckte sich hinter der Kartoffelkiste.

Die Kaufleute kicherten, als sie das Geschrei im Haus hörten. Und nun riefen sie zum dritten Mal ganz laut, wo denn der Wirt mit den Getränken bliebe. Der Wirt dachte, die Magd und der Knecht seien wieder eingeschlafen. Darum musste er selbst aufstehen. »Was müssen die auch in der Nacht trinken«, brummte er. Er tappte in die Küche, ging zum Schrank, in dem die Gläser standen. Da sah er den Wolf mit den Schuhen im Maul. Starr vor Schreck blieb er stehen.

»Rettet mich, rettet mich!«, brüllte der Wirt, stürzte zur Tür hinaus und suchte Zuflucht bei Till und den Kaufleuten. »Ein Wolf, ein wilder Wolf«, stammelte er. »Er steht in der Küche und hat schon die Magd und den Knecht gefressen! Und jetzt will er mich verschlingen!«

»Na kommt, Wirt, den sehen wir uns zusammen mal an«, meinte Till.

Gemeinsam gingen alle in die Küche, wo der Wolf noch immer am Feuer stand. Aber, oh Wunder, da kamen plötzlich der Knecht aus dem Keller und die Magd vom Hof. Till ging zum Wolf und stieß ihn mit dem Fuß an. Da fiel das Tier um und alle konnten sehen, dass es längst tot war. »Was seid Ihr doch für ein Angsthase«, sagte Till zum Wirt. »Wieso fürchtet Ihr Euch davor, dass Euch ein toter Wolf beißen könnte? Vorhin wolltet Ihr doch noch zwei Wölfe ganz allein in die Flucht schlagen!«

Der Wirt merkte, dass man ihn zum Narren gehalten hatte.

Und ohne ein Wort zu sagen, ging er in sein Zimmer. Wie er sich schämte, dass er so angegeben hatte! Und dass er so feige vor einem toten Wolf davongelaufen war! Er nahm sich fest vor, in seinen Worten künftig etwas bescheidener zu sein.

Dieser Wirt war nicht der einzige, der durch Tills Streiche etwas lernte.

Auch in Köln am Rhein ließ Till einen Wirt merken, dass der sich dumm benommen hatte.

»Heute kann ich nicht kochen, gnädiger Herr«, sagte dort eine Köchin zum Wirt. »Ich bin so erkältet! Hatschi!«

Der Wirt sah die rote Nase der armen Frau und hörte ihr Schniefen. Und er sah ein, dass sie heute wirklich kein Essen für die Gäste seiner Herberge zubereiten konnte. »Dann muss ich mich wohl selbst in die Küche stellen.«

Der Wirt war das Kochen nicht gewohnt. Und so war es kein Wunder, dass die Gäste um die Mittagszeit hungrig dasaßen und das Essen längst noch nicht fertig gekocht war.

Auch Till saß mit knurrendem Magen in der Gaststube. Alle warteten und warteten. »Wann kommt denn endlich etwas auf den Tisch?«, rief einer. Und ein anderer schimpfte: »Wir fallen fast um vor Hunger! Beeilt Euch doch, Wirt!«

Aber anstatt sich zu entschuldigen, dass das Essen noch nicht fertig ist, sagte der Wirt: »Wer nicht warten kann, der muss eben essen, was er hat.«

Till, der immer alles wörtlich nahm, zog also ein altes, trockenes Brötchen aus der Tasche und aß es bis auf den letzten Krümel auf. Dann ging er in die Küche an den Herd und begoss den Braten. Es machte ihm Spaß, zuzusehen, wie das Fleisch braun und knusprig wurde.

Der Braten wurde serviert, die Gäste begannen zu essen. Till aber blieb in der Küche sitzen, denn das Brötchen hatte ihm den Magen gefüllt.

»Komm, Till«, rief der Wirt, »komm und iss!« Aber Till hatte nun keine Lust mehr auf den Braten. »Nein, danke«, sagte er, »ich bin durch den Geruch schon ganz satt geworden.«

Der Wirt wollte nicht auf das Geld verzichten, das Till ihm für das Essen bezahlt hätte. Darum ging er zu ihm in die Küche und nannte barsch den Preis.

»Ich habe doch gar nichts von Eurem Essen genommen!«, sagte Till.

»Aber du bist doch von dem Geruch meines Bratens satt geworden«, entgegnete der Wirt. »Das musst du mir nun auch bezahlen!«

Till zog ein Geldstück hervor und warf es auf den Tisch, sodass ein klingendes Geräusch zu hören war. »Hört Ihr diesen Klang?«, fragte Till. Und schnell steckte er das Geldstück zurück in seine Tasche. »So wenig Ihr Euch vom Klang eines Geldstücks etwas kaufen könnt, so wenig hat mein Bauch etwas von einem Braten, den ich nur riechen kann.«

Der Wirt dachte nach. Schließlich sah er ein, dass Till recht hatte. Er gab Till freundlich die Hand, wünschte ihm eine gute Reise und steckte ihm sogar noch den Rest des Bratens als Proviant in die Tasche.

Till kauft goldene Hufeisen

Nicht nur in Deutschland sprachen die Menschen von Tills klugen Streichen. Auch der König von Dänemark hatte von Till gehört und wollte den berühmten Narren zu gern kennenlernen. Er schickte einen Boten zu Till und lud ihn zu sich ein.

So machte sich der Narr auf den Weg nach Norden.

Am großen Meer fragte er die Seeleute, deren Schiffe dort vor Anker lagen: »He, wer nimmt mich mit nach Dänemark?«

»Mit mir kannst du fahren«, sagte schließlich ein bärtiger Kapitän.

Till ging an Bord, der Anker wurde gelichtet und der Nordwind blähte die Segel. Es wurde eine lustige Reise! Denn auch auf dem Schiff trieb Till seine Späße – mit dem Smutje, der in der Kombüse das Essen kochte, mit den Matrosen, die das Deck schrubbten. Sogar mit dem Kapitän, dem Chef der Mannschaft. Aber Seeleute sind lustige Menschen und sie lachten Tränen über Till und seine Streiche.

Nach der Überfahrt waren sie gute Freunde geworden und die Seeleute klopften Till zum Abschied herzlich auf die Schulter: »Mach's gut, Till, und viel Glück beim König!«

Im Schloss wurde Till freundlich aufgenommen. Der König gab ihm die Hand und lachte ihn an. Denn er mochte den Narren, der so lustig mit Schellenklang in sein Schloss gezogen war.

»Ich habe viel von dir gehört, Till«, sagte der König. »Und ich bin neugierig, welchen Streich du dir hier in Dänemark wohl ausdenken wirst. Ich hoffe, es wird ein tolles Abenteuer!«

»Man tut, was man kann«, meinte Till und lächelte.

Der König versprach ihm: »Ich schenke dir auch ein Pferd als Belohnung für deinen Streich, und das soll mit den allerbesten Hufeisen beschlagen werden.«

»Wirklich mit den allerbesten?«, fragte Till nach und der König nickte.

Beim Abendessen saß Till mit an des Königs Tafel, nachts schlief er in einem weichen Bett, das mit kostbarem Damast bezogen war. Und am nächsten Tag, gleich am Morgen, brachte er sein Pferd zu einem Schmied.

Es war aber kein gewöhnlicher Schmied, sondern ein Goldschmied, der eigentlich wertvollen Schmuck anfertigte.

»Macht meinem Pferd Hufeisen aus purem Gold!«, befahl Till. »Und die Nägel dazu sollen aus blankem Silber sein!«

Der Goldschmied riss seine Augen auf, so sehr staunte er. Aber er fragte nicht lange nach, sondern nannte nur seinen Preis für diesen Auftrag: Hundert dänische Taler sollte es kosten, das Pferd mit Gold zu beschlagen. Das war sehr, sehr viel Geld. Und dann machte er sich gleich an die Arbeit.

So kam Till mit einem sehr ungewöhnlich beschlagenen Pferd zurück ins Schloss. Klickklack-klickklack – der König hörte den Hufschlag, als das Pferd in den Schlosshof trabte. Aber er sah nicht, mit welch wertvollen Schuhen das Pferd nach Hause kam.

Till ging zu ihm und sagte: »Mein Pferd hat die besten Hufeisen bekommen. Bezahlt Ihr sie nun, Herr König?«

»Natürlich«, entgegnete der König. »Versprochen ist versprochen.«

Ein Diener sollte mit Till zum Schmied gehen, um die Rechnung zu bezahlen. Und Till führte den Diener zum Goldschmied. Der legte seine Rechnung vor: hundert dänische Taler. »Das zahlt der König nie und nimmer«, rief der Diener, drehte sich um und lief zurück ins Schloss.

»Stellt Euch vor, Herr König, mit Gold hat er seinen Gaul beschlagen lassen, für hundert Taler!« Er war ganz außer sich und japste nach Luft. Der König aber, der ein weiser Mann war, wollte die Sache in Ruhe klären. Er ließ Till zu sich kommen.

»Wer hat dir gesagt, dass du dein Pferd mit goldenen Eisen ausstatten sollst?«

»Ihr, Herr König«, entgegnete Till. »Ihr habt mir erlaubt, es mit den allerbesten Eisen beschlagen zu lassen. Und was gibt es Besseres als Gold und Silber?«

Der König dachte eine Weile nach, dann begann er zu lachen. »Du hast vollkommen recht! Du hast nur das getan, was ich dir gesagt habe!« Und er gab dem Diener hundert Taler, um die Rechnung des Goldschmieds zu bezahlen.

So hatte Till, während er seine Belohnung für einen Streich kassierte, dabei gleich den Streich selbst gemacht. Der König fand das so lustig, dass er Till gar nicht mehr weggehen lassen wollte.

So blieb Till Eulenspiegel viele Jahre in Dänemark am Hofe des Königs. Alle Diener, Kammerzofen, Pferdeknechte und auch die Köche liefen mit fröhlichen Gesichtern herum, seit Till bei ihnen war. Und auch der König selbst war nun viel heiterer und regierte viel lieber als vor Tills Ankunft.

Till genoss das gute Leben und die freundlichen Menschen. Doch eines Tages packte ihn wieder die Wanderlust. Er

schnürte sein Bündel, nahm Abschied von allen, versprach natürlich wiederzukommen und machte sich auf den Weg zum Hafen.

Schweren Herzens ließ der König ihn ziehen und winkte ihm vom Fenster des Schlosses noch lange nach.

Immer leiser wurde der Klang der Glöckchen an Tills Kappe, immer kleiner wurde der bunt gekleidete Narr in der Ferne. Bald war er hinter einem Hügel verschwunden. Doch noch immer war Till Eulenspiegels Lachen und Kichern zu hören, als er frei und fröhlich über die Wiesen lief, unterwegs zu neuen Abenteuern.

Kinderbuch-Klassiker zum Vorlesen

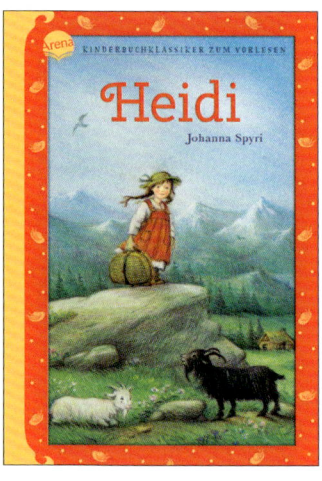

Nils Holgerssons wunderbare Reise

Heidi

Zum Däumling geschrumpft, zieht der kleine Nils Holgersson auf eine wunderbare Reise. Zusammen mit einer Schar Wildgänse fliegt er in den Norden und erlebt spannende Abenteuer. Als er die Chance erhält, wieder ein richtiger Junge zu werden, muss Nils sich entscheiden.

Für die kleine Heidi ist das Leben auf der Alm alles andere als öde. Sie verbringt sonnige Tage mit ihrem Freund, dem Geißenpeter, sie tobt über die Blumenwiesen oder kümmert sich um die kleine Geiß Schneehöppli. Abends sitzt Heidi am liebsten mit dem Großvater am Ofen und kriecht dann in ihr duftendes Heubett. Hier oben in den Bergen ist Heidi glücklich und frei! Deshalb trifft es sie wie ein Donnerschlag, als man sie in die große Stadt schicken will, als Gesellschafterin für die kranke Klara. Aber Heidi lässt sich von den vornehmen Stadtleuten nicht unterkriegen: Wenn da nur nicht dieses furchtbare Heimweh nach der Alm wäre...

96 Seiten • Gebunden
Durchgehend farbig illustriert • ISBN 978-3-401-70687-0

88 Seiten • Gebunden
Durchgehend farbig illustriert • ISBN 978-3-401-70682-5
www.arena-verlag.de